AF188543

Impressum
Verlag: BABADADA GmbH, Nedderfeld 112 , 22529 Hamburg
Geschäftsführer / Verlagsleitung: Harald Hof
Druck: Books on Demand GmbH, In de Tarpen 42, 22848 Norderstedt

Imprint
Publisher: BABADADA GmbH, Nedderfeld 112 , 22529 Hamburg, Germany
Managing Director / Publishing direction: Harald Hof
Print: Books on Demand GmbH, In de Tarpen 42, 22848 Norderstedt, Germany

escuela
škola

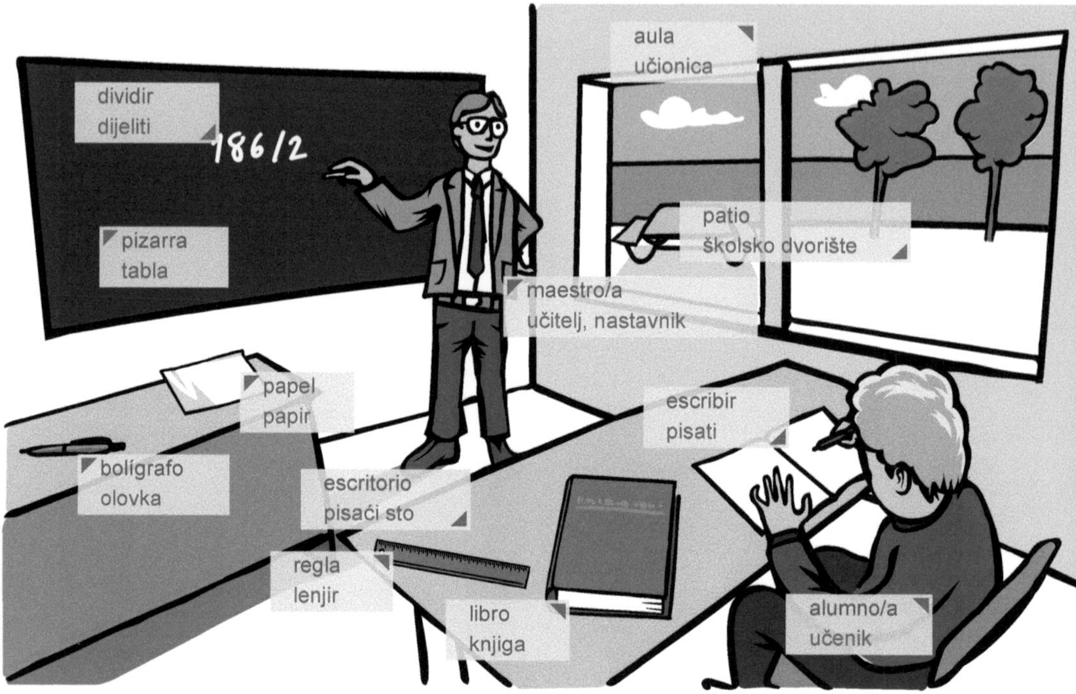

aula
učionica
dividir
dijeliti
186/2
pizarra
tabla
patio
školsko dvorište
maestro/a
učitelj, nastavnik
papel
papir
escribir
pisati
bolígrafo
olovka
escritorio
pisaći sto
regla
lenjir
libro
knjiga
alumno/a
učenik

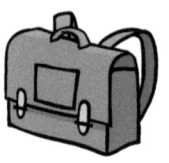

cartera
torba

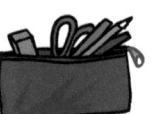

caja de lápices
pernica

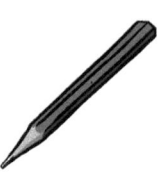

lápiz
drvena olovka

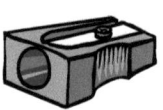

sacapuntas
šiljalo za olovke

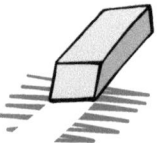

goma de borrar
gumica

cuaderno de dibujo
blok za crtanje

dibujo

crtež

pincel

kist

caja de pinturas

kutija s bojama

tijeras

makaze

pegamento

ljepilo

cuaderno de ejercicios

vježbanka

deberes

domaća zadaća

número

broj

sumar

sabirati

restar

oduzimati

multiplicar

množiti

calcular

računati

letra

slovo

alfabeto

abeceda

palabra

riječ

texto
tekst

leer
čitati

tiza
kreda

lección
sat

cuaderno de notas
školski dnevnik

examen
ispit

certificado
svjedočanstvo

uniforme escolar
školska uniforma

educación
izobrazba

enciclopedia
leksikon

universidad
univerzitet

microscopio
mikroskop

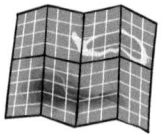

mapa
karta

papelera
korpa za papir

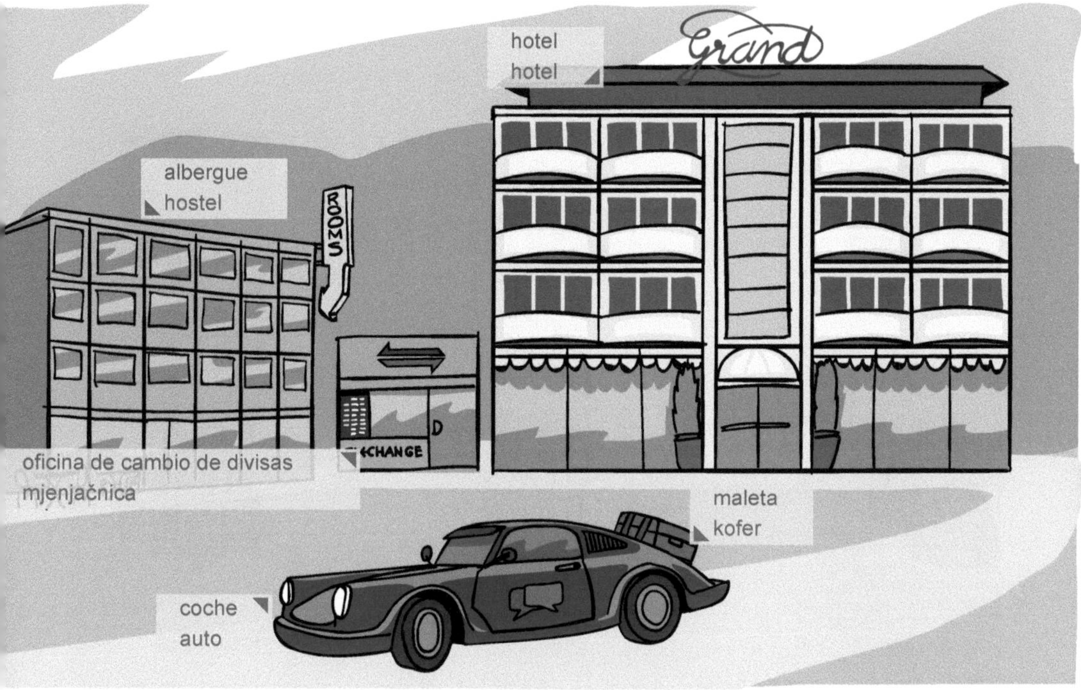

hotel
hotel
Grand
albergue
hostel
ROOMS
EXCHANGE
oficina de cambio de divisas
mjenjačnica
maleta
kofer
coche
auto

idioma
jezik

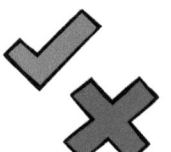

sí / no
da / ne

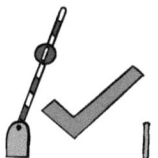

Vale
okej

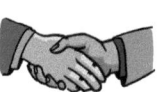

hola
zdravo

traductor
tumač

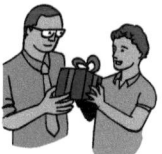

Gracias
hvala

¿cuánto es...?

Koliko košta...?

No entiendo

Ne razumijem

problema

problem

¡Buenas tardes!

dobro veče!

¡Buenos días!

Dobro jutro!

¡Buenas noches!

Laku noć!

adiós

doviđenja

dirección

smjer

equipaje

prtljag

bolsa

torba

mochila

ruksak

invitado

gost

habitación

soba

saco de dormir

vreća za spavanje

tienda de campaña

šator

viaje - putovanje

información turística

turističke informacije

playa

plaža

tarjeta de crédito

kreditna kartica

desayuno

doručak

almuerzo

ručak

cena

večera

billete

putna karta

ascensor

lift

sello

poštanska markica

frontera

granica

aduana

carina

embajada

ambasada

visa

viza

pasaporte

pasoš

transporte

transport

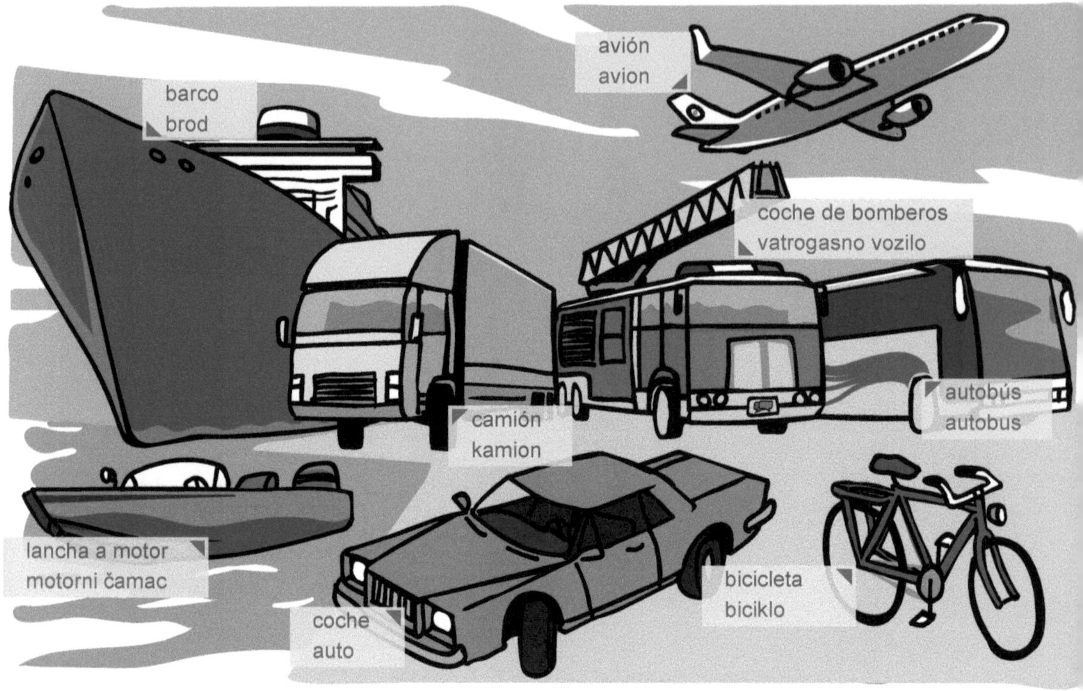

avión
avion
barco
brod
coche de bomberos
vatrogasno vozilo
autobús
autobus
camión
kamion
lancha a motor
motorni čamac
bicicleta
biciklo
coche
auto

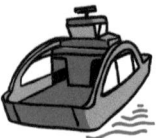

transbordador

trajekt

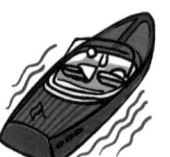

barca

brod

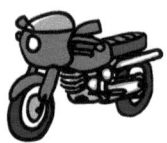

moto

motocikl

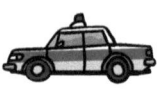

coche de policía

policijski automobil

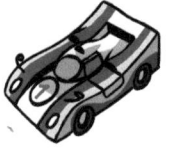

coche de carreras

trkaći automobil

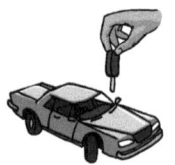

coche de alquiler

unajmljeni automobil

préstamo de vehículos

kar-šering

grúa

pauk

camión de la basura

smećarsko vozilo

motor

motor

gasolina

gorivo

gasolinera

benzinska pumpa

señal de tráfico

saobraćajni znak

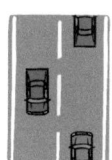

tráfico

saobraćaj

atasco

zastoj

aparcamiento

parking

estación de tren

željeznička stanica

vías

šine

tren

voz

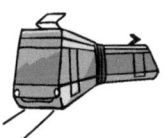

tranvía

tramvaj

vagón

vagon

helicóptero

helikopter

aeropuerto

aerodrom

torre

toranj

pasajero

putnik

contenedor

kontejner

caja de cartón

karton

carretilla

tačke

cesta

korpa

despegar / aterrizar

poletjeti / sletjeti

ciudad

grad

pueblo

selo

centro de ciudad

centar grada

casa

kuća

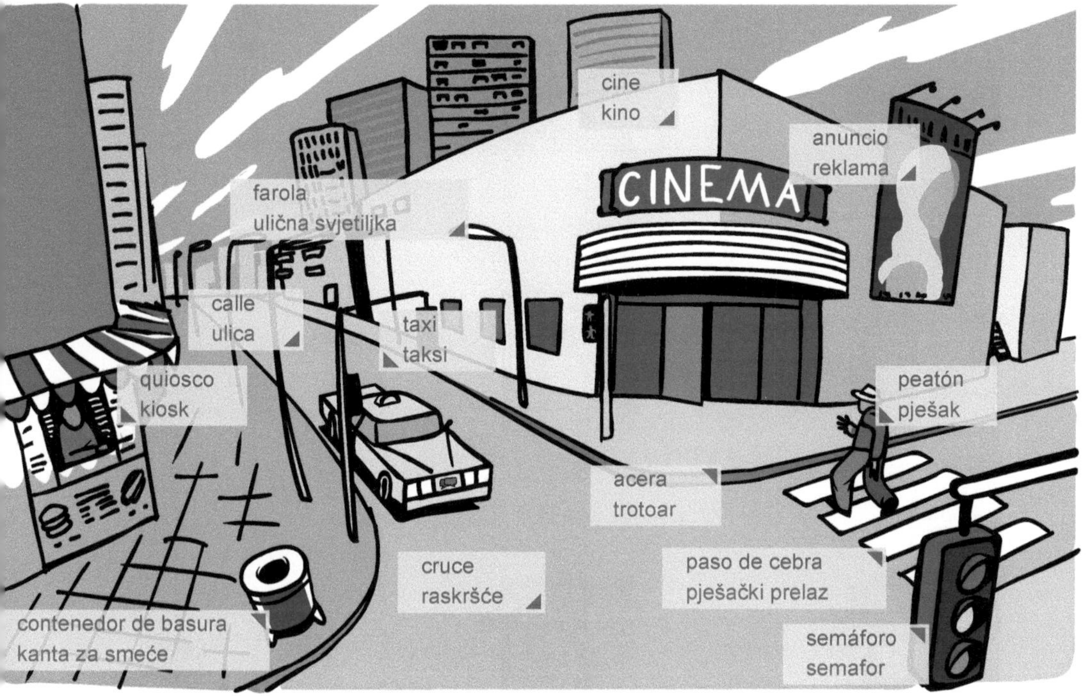

cine
kino

anuncio
reklama

farola
ulična svjetiljka

CINEMA

calle
ulica

taxi
taksi

quiosco
kiosk

peatón
pješak

acera
trotoar

cruce
raskršće

paso de cebra
pješački prelaz

contenedor de basura
kanta za smeće

semáforo
semafor

cabaña
....
koliba

apartamento
....
stan

estación de tren
....
željeznička stanica

ayuntamiento
....
vjećnica

museo
....
muzej

escuela
....
škola

ciudad - grad

universidad
univerzitet

banco
banka

hospital
bolnica

hotel
hotel

farmacia
apoteka

oficina
ured

librería
knjižara

tienda
radnja

floristería
cvjećara

supermercado
supermarket

mercado
pijaca

grandes almacenes
robna kuća

pescadería
prodavač ribe

centro comercial
trgovački centar

puerto
luka

parque
park

banco
klupa

puente
most

escaleras
stepenice

metro
podzemna željeznica

túnel
tunel

parada de autobús
autobuska stanica

bar
bar

restaurante
restoran

buzón
poštanski sandučić

poste indicador
saobraćajni znak

parquímetro
sat za naplatu parkinga

zoo
zoološki vrt

piscina
bazen

mezquita
džamija

granja

seosko imanje

contaminación

zagađenje okoline

cementerio

groblje

iglesia

crkva

patio de juego

igralište

templo

hram

paisaje
krajolik

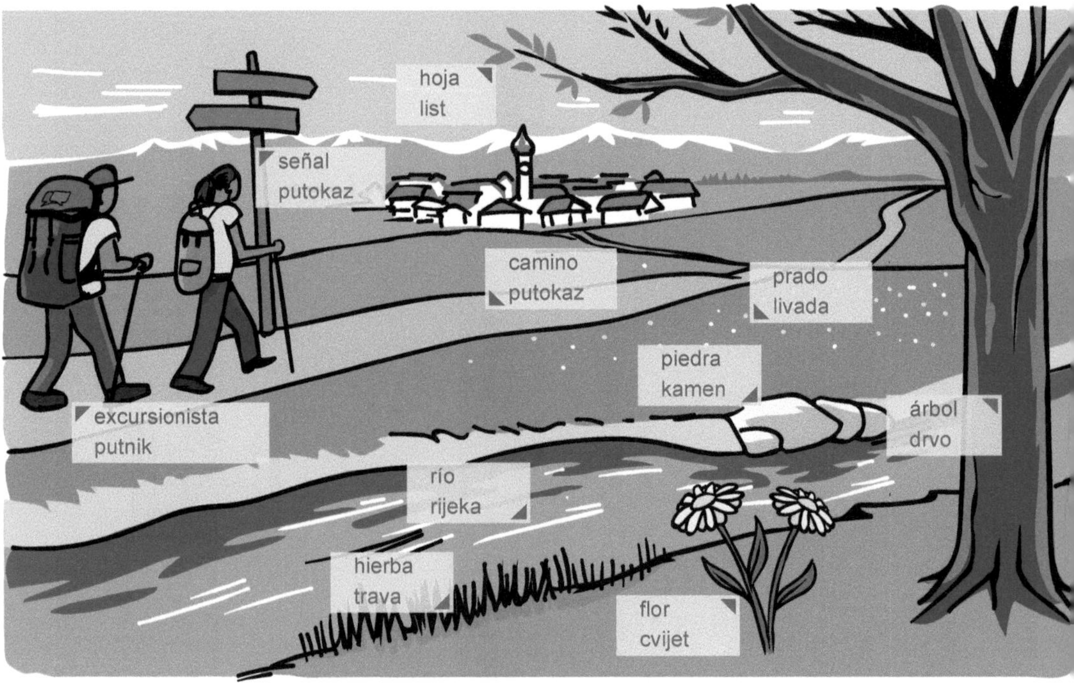

hoja
list

señal
putokaz

camino
putokaz

prado
livada

piedra
kamen

árbol
drvo

excursionista
putnik

río
rijeka

hierba
trava

flor
cvijet

valle

dolina

colina

brdo

lago

jezero

bosque

šuma

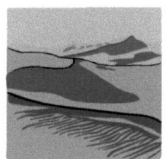

desierto

pustinja

volcán

vulkan

castillo

dvorac

arcoíris

duga

champiñón

gljiva

palmera

palma

mosquito

komarac

mosca

muha

hormiga

mrav

abeja

pčela

araña

pauk

escarabajo

buba

rana

žaba

ardilla

vjeverica

erizo

jež

liebre

zec

lechuza

sova

pájaro

ptica

cisne

labud

jabalí

divlja svinja

ciervo

jelen

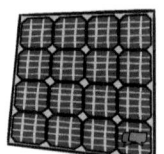

alce

los

presa

brana

turbina eólica

vjetrenjača

panel solar

solarni modul

clima

klima

restaurante
restoran

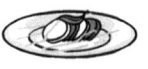

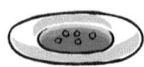

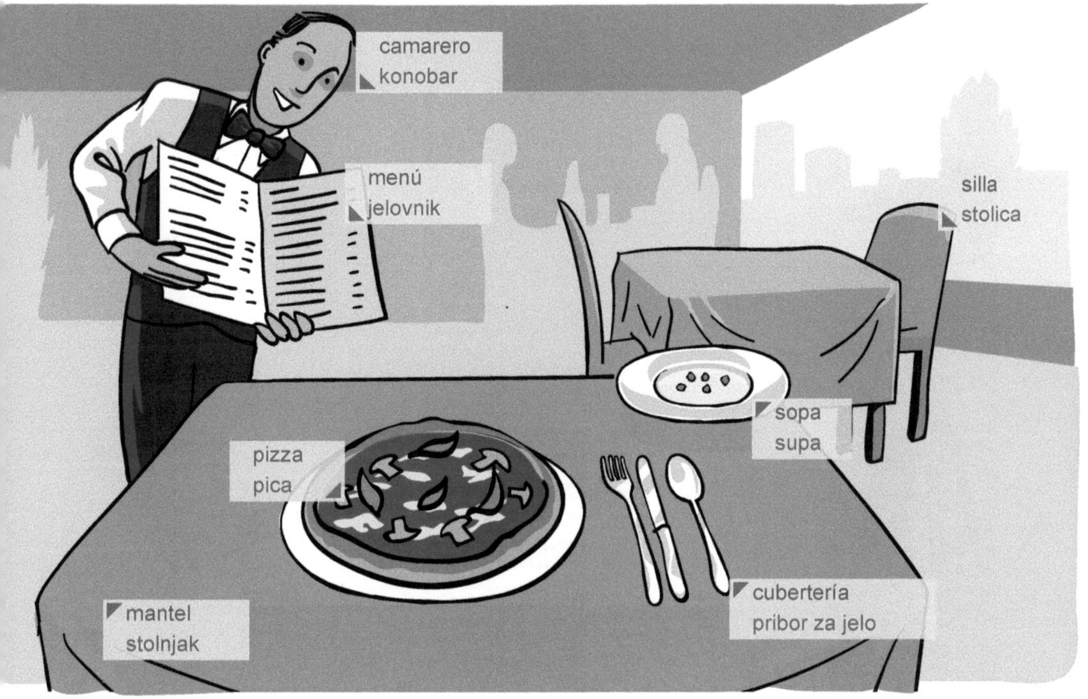
camarero
konobar
menú
jelovnik
silla
stolica
sopa
supa
pizza
pica
mantel
stolnjak
cubertería
pribor za jelo

primer plato

predjelo

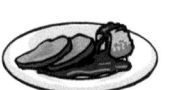

plato principal

glavno jelo

postre

desert

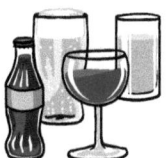

bebidas

piće

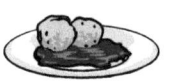

comida

jelo

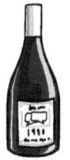

botella

flaša

comida rápida

brza hrana

comida callejera

jelo sa ulice

tetera

čajnik

azucarero

šećernica

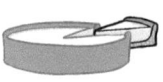

porción

porcija

cafetera expreso

mašina za espreso

trona

barska stolica

cuenta

račun

bandeja

tacna

cuchillo

nož

tenedor

viljuška

cuchara

kašika

cucharilla

kašičica

servilleta

salveta

vaso

čaša

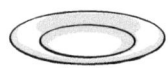

plato
tanjir

plato hondo
tanjir za supu

platillo
tanjurić

salsa
sos

salero
solanik

molinillo de pimienta
mlin za biber

vinagre
sirće

aceite
ulje

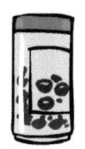

especias
začini

ketchup
kečap

mostaza
senf

mayonesa
majoneza

supermercado
supermarket

oferta especial
ponuda
FOR
cliente
klijent
lácteos
mliječni proizvodi
fruta
voće
carro de la compra
kolica za kupovinu

BUTCHERS

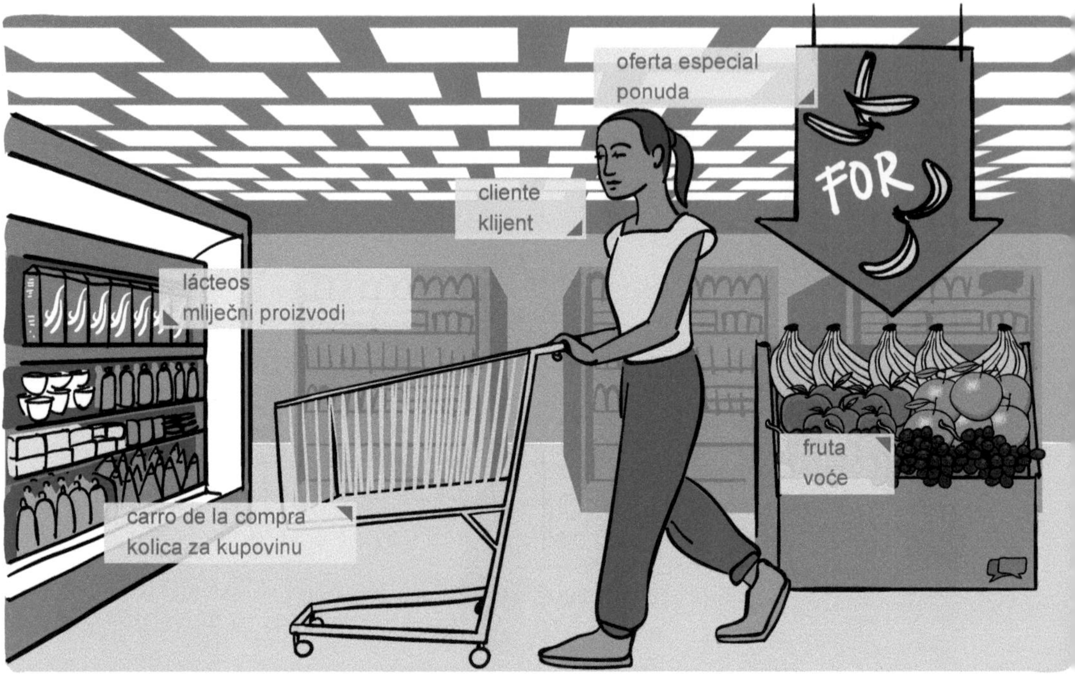

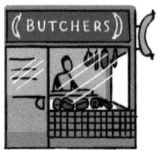

carnicería

mesnica- klaonica

BAKERY

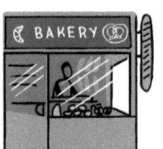

panadería

pekara

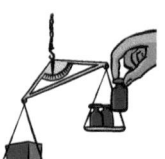

pesar

vagati

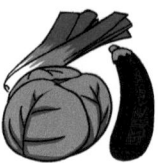

verduras

povrće

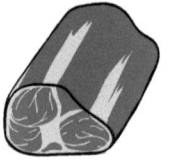

carne

meso

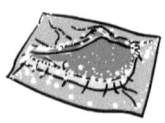

alimentos congelados

zaleđena hrana

fiambres

narezak

conservas

konzerve

detergente en polvo

prašak za veš

dulces

slatkiši

productos de uso doméstico

kućanski proizvodi

productos de limpieza

sredstvo za čišćenje

vendedora

prodavačica

caja

kasa

cajero

blagajnik

lista de la compra

lista za kupovinu

horario de atención al público

radno vrijeme

cartera

novčanik

tarjeta de crédito

kreditna kartica

bolsa

torba

bolsa de plástico

najlonska vrećica

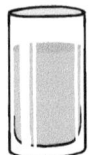

agua

voda

zumo

sok

leche

mlijeko

cola

kola

vino

vino

cerveza

pivo

alcohol

alkohol

cacao

kakao

té

čaj

café

kafa

expreso

espreso

capuchino

kapućino

plátano
....
banana

manzana
....
jabuka

naranja
....
narandža

melón
....
lubenica

limón
....
limun

zanahoria
....
mrkva

ajo
....
bijeli luk

bambú
....
bambus

cebolla
....
crveni luk

champiñón
....
gljiva

avellanas
....
orašasti plodovi

fideos
....
pasta

espagueti

špagete

arroz

riža

ensalada

salata

patatas fritas

pomfrit

patatas fritas

pečeni krompir

pizza

pica

hamburguesa

hamburger

sándwich

sendvič

filete

šnicla

jamón

šunka

salami

kobasica

salchicha

kobasica

pollo

kokoš

asado

pečenje

pescado

riba

copos de avena
....
zobene pahuljice

muesli
....
muzli

copos de maíz
....
kornfleks

harina
....
brašno

cruasán
....
kroason

panecillo
....
zemičke

pan
....
kruh

tostada
....
tost

galletas
....
keksi

mantequilla
....
maslac

cuajada
....
svježi sir

pastel
....
kolač

huevo
....
jaje

huevo frito
....
jaje na oko

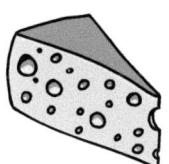

queso
....
sir

helado
sladoled

azúcar
šećer

miel
med

mermelada
marmelada

crema de turrón
nugat krema

curry
kuri

granja
seosko imanje

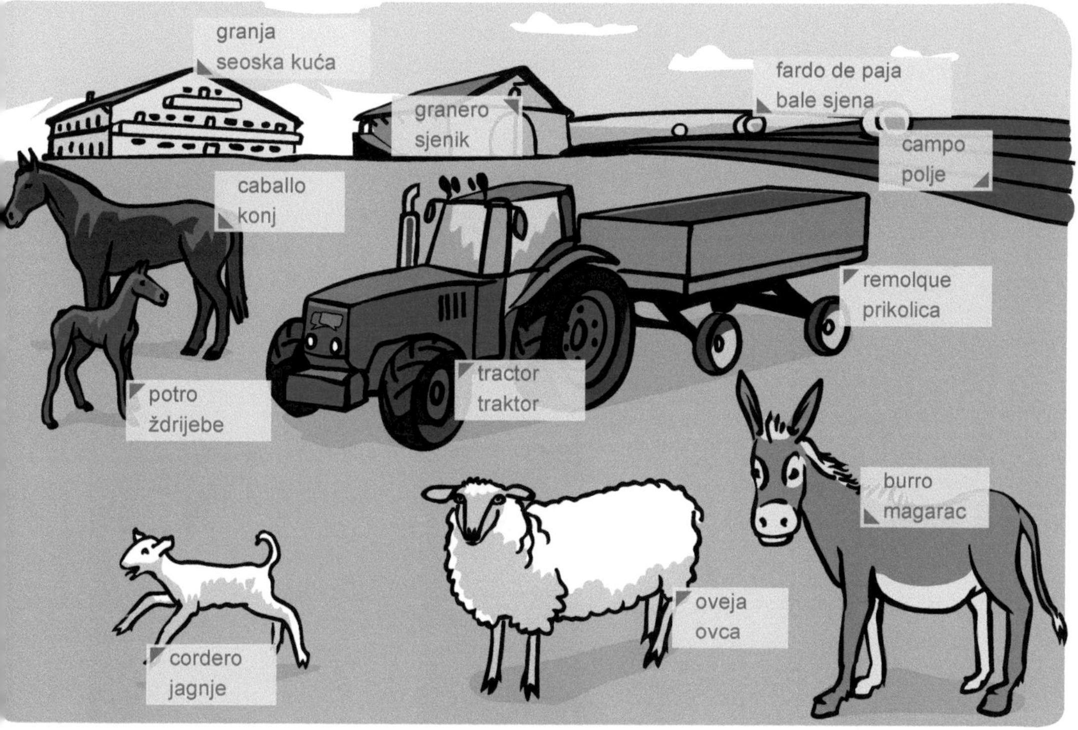
granja
seoska kuća
granero
sjenik
fardo de paja
bale sjena
campo
polje
caballo
konj
remolque
prikolica
tractor
traktor
potro
ždrijebe
burro
magarac
oveja
ovca
cordero
jagnje

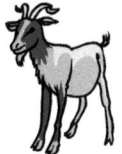

cabra
koza

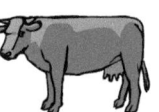

vaca
krava

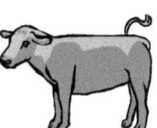

ternero
tele

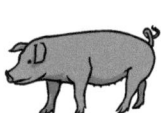

cerdo
svinja

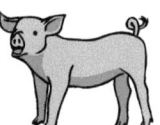

cerdito
prase

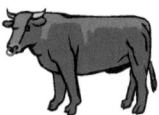

toro
bik

ganso

guska

pato

patka

pollo

pile

gallina

kokoška

gallo

pjetao

rata

pacov

gato

mačka

ratón

miš

buey

vol

perro

pas

perrera

pseća kućica

manguera

crijevo za baštu

regadera

kanta za zalijevanje

guadaña

kosa

arado

plug

hoz
srp

azada
motika

horca
vile

hacha
sjekira

carretilla
tačke

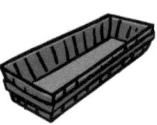

abrevadero
korito

lechera
bokal za mlijeko

saco
vreća

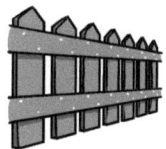

valla
ograda

establo
štala

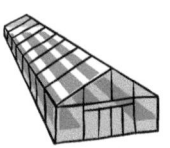

invernadero
staklenik

suelo
tlo

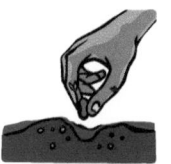

semilla
sjeme

fertilizador
đubrivo

cosechadora
kombajn

cosechar
kositi

cosecha
žetva

ñame
jam korijen

trigo
pšenica

soja
soja

patata
krompir

maíz
kukuruz

semilla de colza
uljana repica

árbol frutal
drvo voća

mandioca
manioka

cereales
žito

casa
kuća

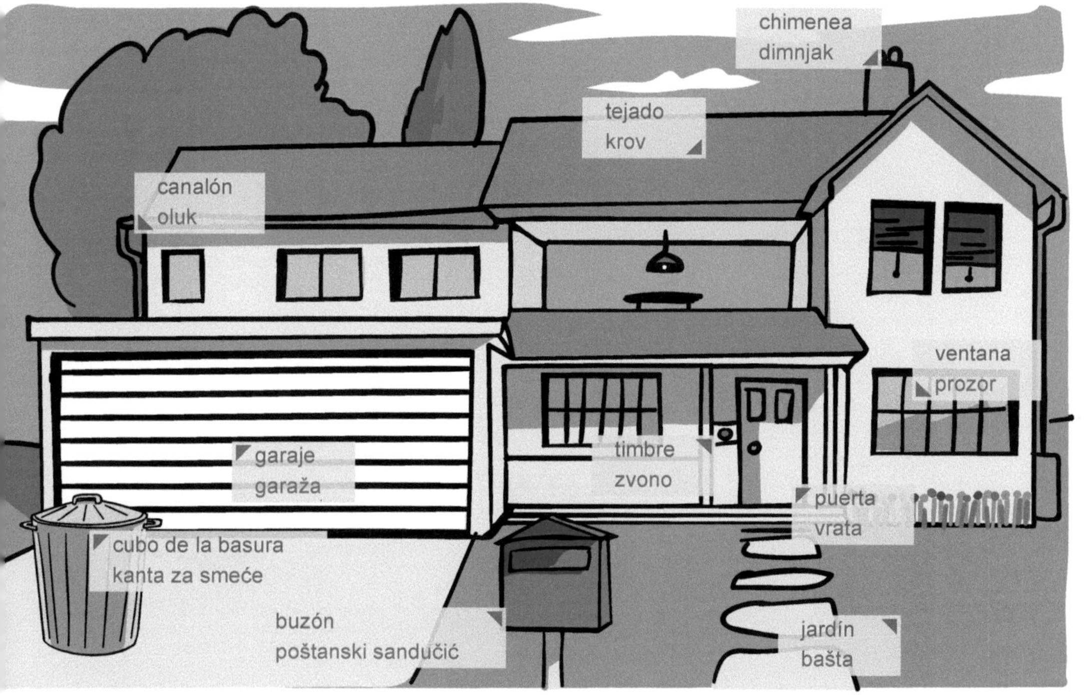
chimenea
dimnjak
tejado
krov
canalón
oluk
ventana
prozor
garaje
garaža
timbre
zvono
puerta
vrata
cubo de la basura
kanta za smeće
buzón
poštanski sandučić
jardín
bašta

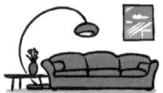

sala

dnevni boravak

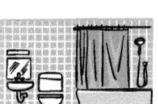

cuarto de baño

kupatilo

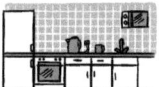

cocina

kuhinja

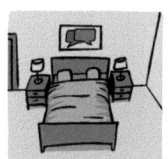

dormitorio

spavaća soba

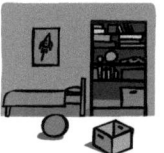

habitación de los niños

dječija soba

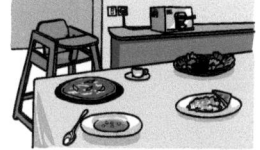

comedor

trpezarija

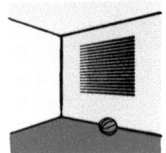

suelo

pod, tlo

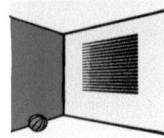

pared

zid

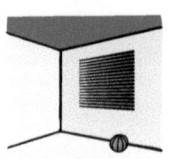

techo

plafon

sótano

podrum

sauna

sauna

balcón

balkon

terraza

terasa

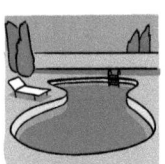

piscina

bazen

cortacésped

kosilica

sábana

posteljina

colcha

pokrivač

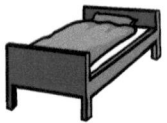

cama

krevet

escoba

metla

balde

kanta

interruptor

prekidač

sala

dnevni boravak

papel pintado
tapeta
imagen
fotografija
lámpara
lampa
estante
polica
armario
ormar
televisión
televizija
chimenea
dimnjak
flor
cvijet
cojín
jastuk
sofá
kauč
jarrón
vaza
mando a distancia
daljinski upravljač

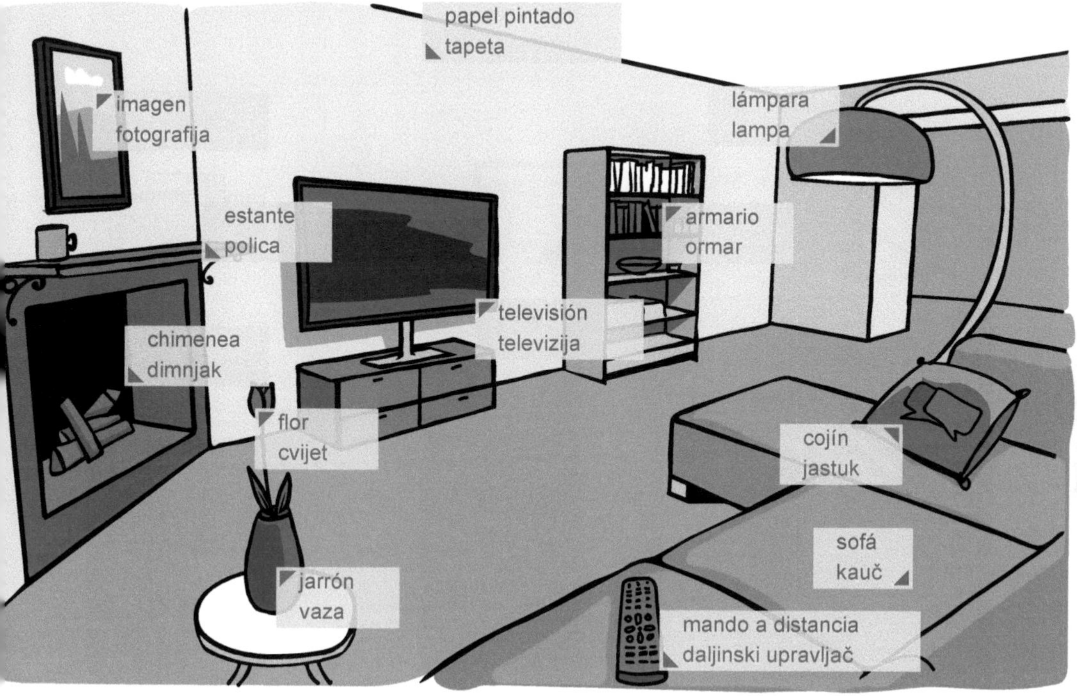

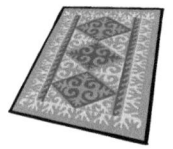

alfombra

tepih

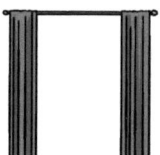

cortina

zavjesa

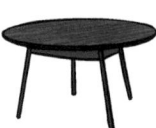

mesa

stol

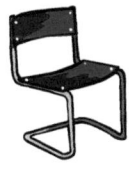

silla

stolica

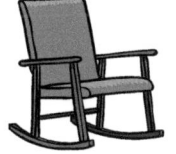

mecedora

stolica za ljuljanje

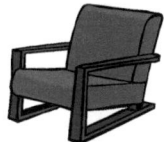

butaca

fotelja

libro
knjiga

manta
deka

decoración
dekoracija

leña
ložno drvo

película
film

equipo de música
stereo uređaj

llave
ključ

periódico
novine

pintura
umjetnička slika

póster
poster

radio
radio

cuaderno
blok za bilješke

aspiradora
usisavač

cactus
kaktus

vela
svijeća

cocina
kuhinja

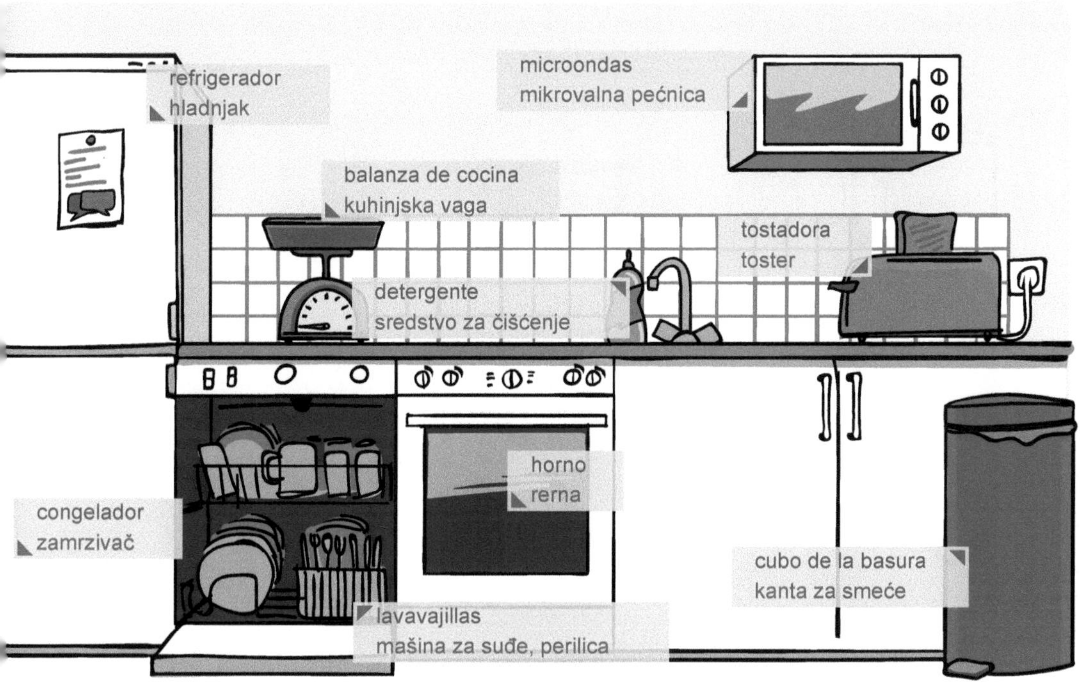

refrigerador
hladnjak
microondas
mikrovalna pećnica
balanza de cocina
kuhinjska vaga
tostadora
toster
detergente
sredstvo za čišćenje
horno
rerna
congelador
zamrzivač
cubo de la basura
kanta za smeće
lavavajillas
mašina za suđe, perilica

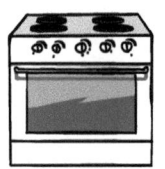

olla a presión

peć

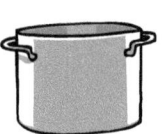

olla

lonac

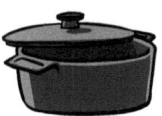

olla de hierro fundido

metalni lonac

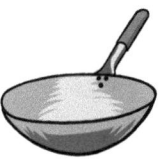

wok / karahi

vok / kadai

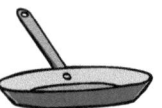

cazuela

tava, tiganj

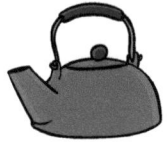

hervidor

kuhalo

vaporera

aparat za kuhanje na pari

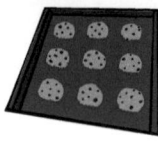

chapa de horno

lim za pečenje

vajilla

posuđe

taza

šalica

tazón

činija

palillos

kineski štapići

cucharón

kutlača

espumadera

lopatica

batidor

metlica za snijeg bjelanjca

colador

sito za kuhanje

cedazo

sito

rallador

ribež

mortero

avan s tučkom

barbacoa

roštilj

hoguera

ložište

tabla de picar

daska

rodillo

oklagija

sacacorchos

vadičep

lata

konzerva

abrelatas

otvarač za konzerve

agarrador

krpe za lonac

lavabo

sudoper

cepillo

četka

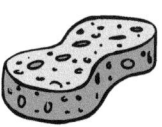

esponja

spužva

batidora

mikser

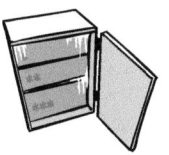

congelador

zamrzivač

biberón

flašica za bebu

grifo

slavina

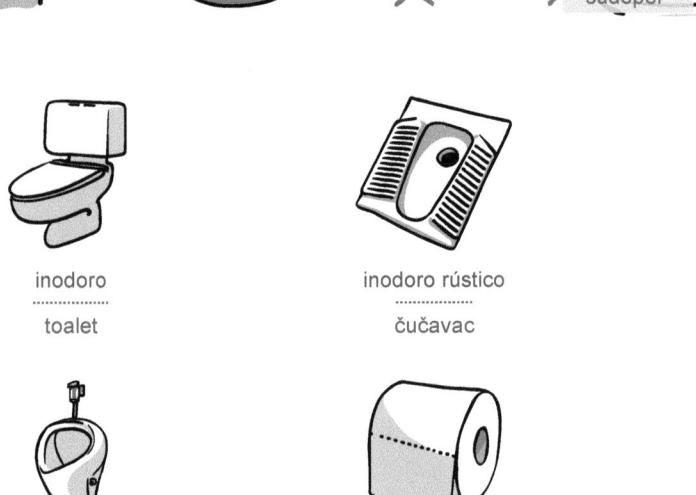

cuarto de baño
kupatilo

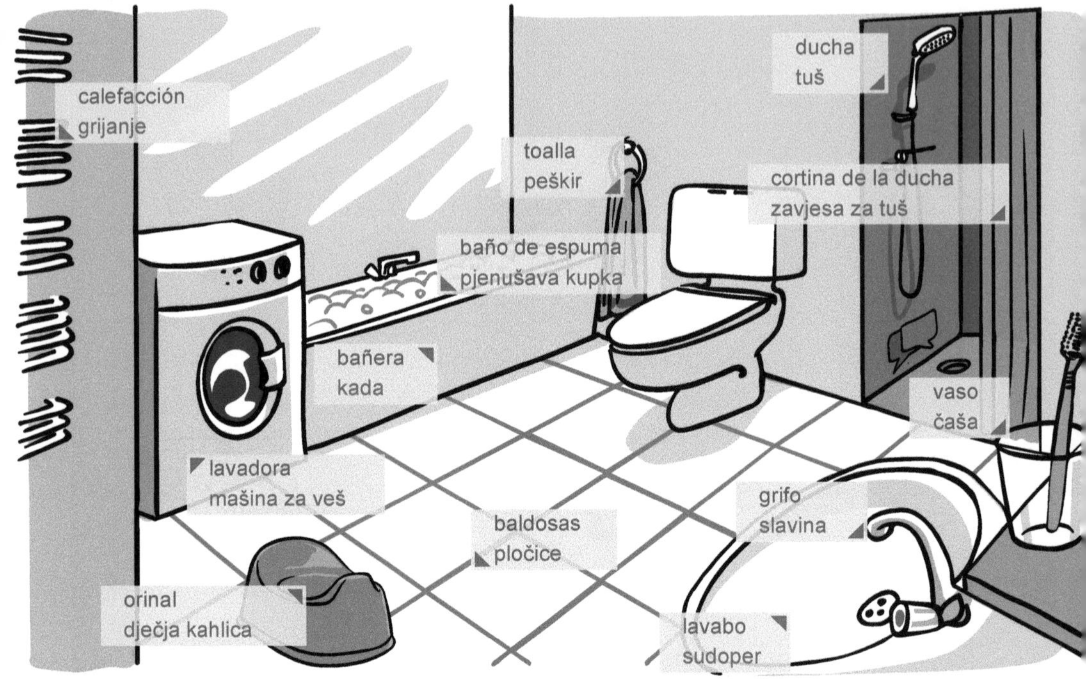

ducha
tuš
calefacción
grijanje
toalla
peškir
cortina de la ducha
zavjesa za tuš
baño de espuma
pjenušava kupka
bañera
kada
vaso
čaša
lavadora
mašina za veš
grifo
slavina
baldosas
pločice
orinal
dječja kahlica
lavabo
sudoper

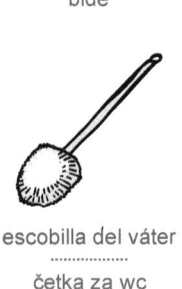

inodoro
toalet

inodoro rústico
čučavac

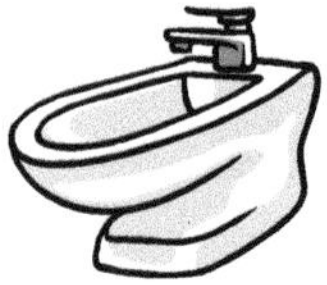

bidé
bide

urinario
pisoar

papel higiénico
toalet papir

escobilla del váter
četka za wc

cepillo de dientes

četkica za zube

pasta de dientes

pasta za zube

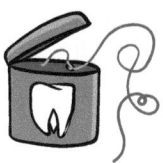

hilo dental

zubni konac

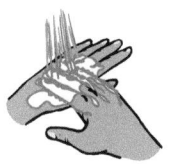

lavar

prati

ducha de mano

tuš

ducha íntima

intimni tuš

pila

lavor

cepillo de espalda

četka za leđa

jabón

sapun

gel de ducha

gel za tuširanje

champú

šampon

toallita

krpe za pranje

desagüe

odvod

crema

krema

desodorante

dezodorans

espejo

ogledalo

espejo de tocador

ogledalo za šminkanje

maquinilla de afeitar

brijač

espuma de afeitar

pjena za brijanje

loción postafeitado

vodica poslije brijanja

peine

češalj

cepillo

četka

secador

fen

laca

sprej za kosu

maquillaje

puder

pintalabios

karmin

pintauñas

lak za nokte

algodón

vata

cortauñas

makazice za nokte

perfume

parfem

estuche de viaje

kozmetička torbica

banqueta

hoklica

balanza

vaga

albornoz

kupaći ogrtač

guantes de goma

rukavice za čišćenje

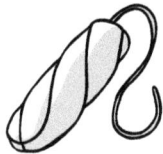

tampón

tampon

compresa

uložak za dame

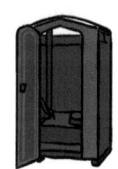

inodoro químico

hemijski toalet

habitación de los niños

dječija soba

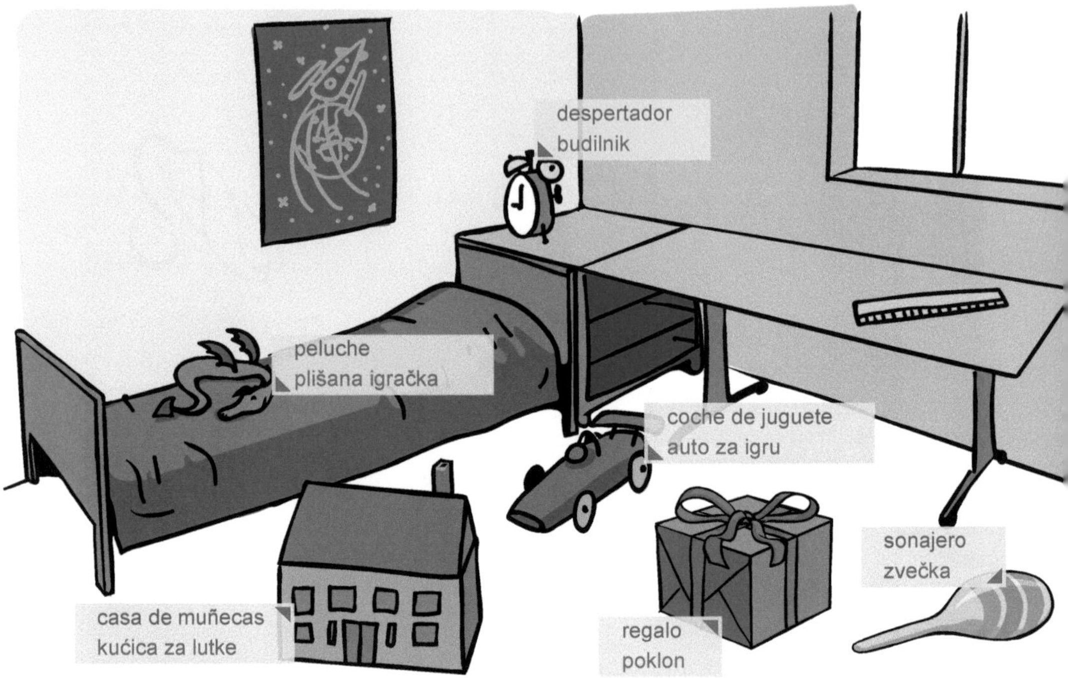
despertador
budilnik
peluche
plišana igračka
coche de juguete
auto za igru
sonajero
zvečka
casa de muñecas
kućica za lutke
regalo
poklon

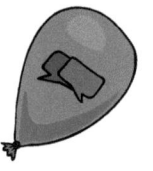

globo

balon

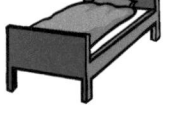

cama

krevet

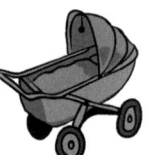

coche de niño

kolica za djecu

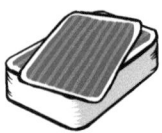

naipes

karte za igranje

puzle

puzle

SUPER MEGA

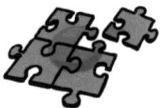

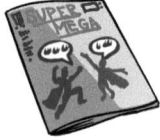

tebeo

strip

piezas de lego
lego kockice

bloques de juguete
kockice za gradnju

figura de acción
akcione figure

bodi (de bebé)
benkica

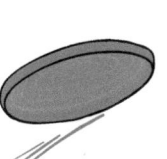

frisbee
frizbi

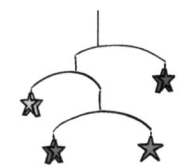

colgador móvil para bebés
mobile

juego de mesa
igra na ploči

dados
kocka

circuito de tren eléctrico
miniatura željeznice

maniquí
cucla

fiesta
zabava

álbum de fotos
slikovnica

pelota
lopta

muñeca
lutka

jugar
igrati

cajón de arena

pješćanik

columpio

ljuljačka

juguetes

igračke

videoconsola

konzola za igru

triciclo

triciklo

oso de peluche

medvjedić

guardarropa

ormar

ropa

odjeća

calcetines

kratke čarape

medias

čarape

leotardos

hulahopke

bufanda
šal

cinturón
kaiš

paraguas
kišobran

camiseta
majica kratkih rukava

deportivas
patike

botas
čizme

zapatillas
papuče

sandalias	zapatos	botas de goma
sandale	cipele	gumene čizme
slip	sostén	chaleco
gaće	grudnjak	potkošulja

ropa - odjeća

bodi
bodi

pantalones
hlače

vaqueros
farmerke

falda
suknja

blusa
bluza

camisa
košulja

jersey
džemper

suéter
majica

blazer
sako

chaqueta
jakna

abrigo
mantil

gabardina
kišni mantil

traje
kostim

vestido
haljina

vestido de novia
vjenčanica

traje
odijelo

camisón
spavaćica

pijama
pidžama

sari
sari

bandana
marama

turbante
turban

burka
burka

caftán
kaftan

abaya
abaja

traje de baño
kupaći kostim

bañador
kupaće gaće

pantalones cortos
kratke hlače

chándal
trenerka

delantal
pregača

guantes
rukavice

botón

dugme

gafas

naočare

brazalete

narukvica

collar

ogrlica

anillo

prsten

pendiente

naušnica

gorra

kapa

percha

vješalica

sombrero

šešir

corbata

kravata

cremallera

patentni zatvarač

casco

kaciga

tirantes

tregeri za hlače

uniforme escolar

školska uniforma

uniforme

uniforma

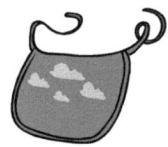

babero

podbradak

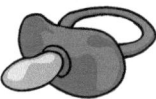

maniquí

cucla

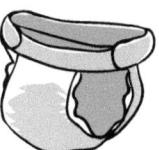

pañal

pelene

oficina

ured

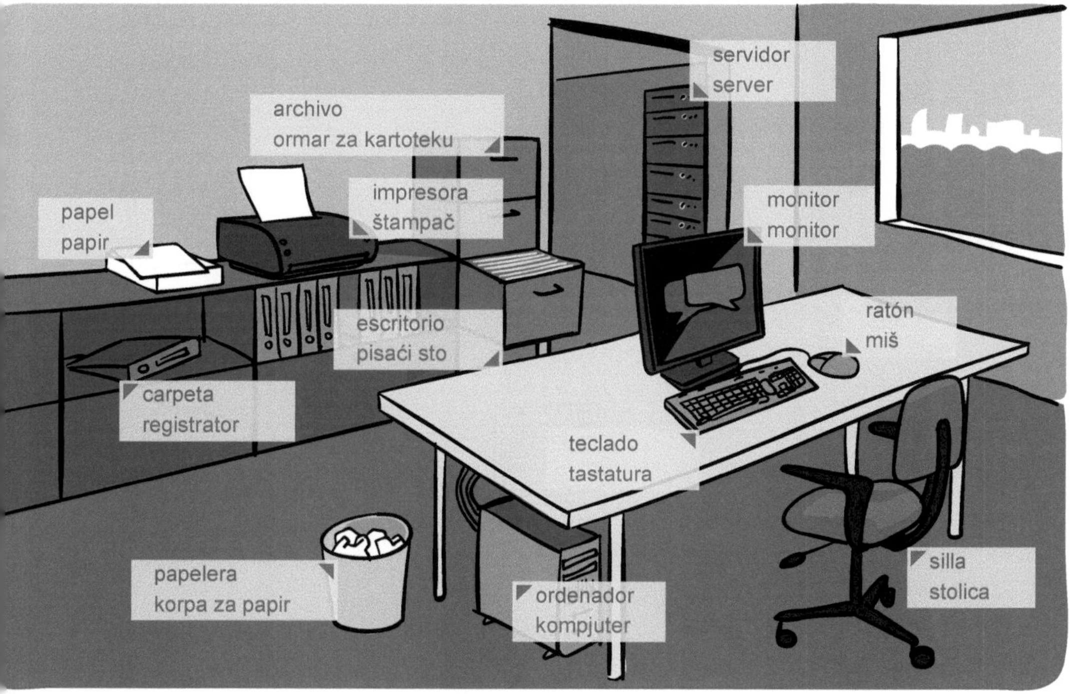
servidor
server
archivo
ormar za kartoteku
impresora
štampač
papel
papir
monitor
monitor
ratón
miš
escritorio
pisaći sto
carpeta
registrator
teclado
tastatura
papelera
korpa za papir
ordenador
kompjuter
silla
stolica

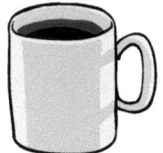

taza de café

šolja za kafu

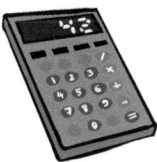

calculadora

kalkulator

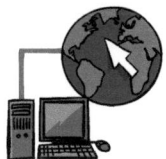

internet

internet

portátil

laptop

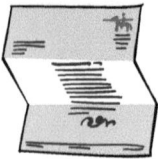

carta

pismo

mensaje

poruka

móvil

mobilni telefon

red

mreža

fotocopiadora

aparat za kopiranje

software

softver

teléfono

telefon

toma de corriente

utičnica

fax

faks

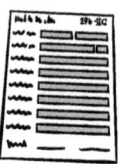

formulario

formular

documento

dokument

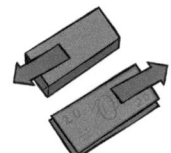

comprar
kupovati

pagar
platiti

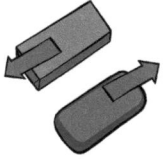

comerciar
trgovati

dinero
novac

dólar
dolar

euro
euro

yen
jen

rublo
rublja

franco suizo
franak

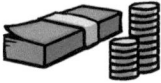

renminbi yuan
renminbi jen

rupia
rupi

cajero automático
bankomat

oficina de cambio de divisas
mjenjačnica

oro
zlato

plata
srebro

petróleo
nafta

energía
energija

precio
cijena

contrato
ugovor

impuesto
porez

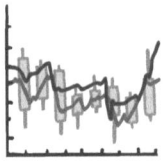

acción
akcija

trabajar
raditi

empleado
službenik

empleador
poslodavac

fábrica
fabrika

tienda
radnja

agente de policía
policajac

bombero
vatrogasac

cocinero
kuhar

médico
ljekar

piloto
pilot

jardinero
....
baštovan

carpintero
....
stolar

costurera
....
krojačica

juez
....
sudija

farmacéutico
....
hemičar

actor
....
glumac

conductor de autobús

vozač autobusa

taxista

vozač taksija

pescador

ribar

señora de la limpieza

čistačica

techador

krovopokrivač

camarero

konobar

cazador

lovac

pintor

moler

panadero

pekar

electricista

električar

obrero

građevinski radnik

ingeniero

inženjer

carnicero

koljač

fontanero

limar, vodoinstalater

cartero

poštar

soldado

vojnik

arquitecto

arhitekta

cajero

blagajnik

florista

cvjećar

peluquero

frizer

revisor

kontrolor

mecánico

mehaničar

capitán

kapiten

dentista

zubar

científico

naučnik

rabino

rabin

imán

imam

monje

monah

sacerdote

sveštenik

herramientas

alat

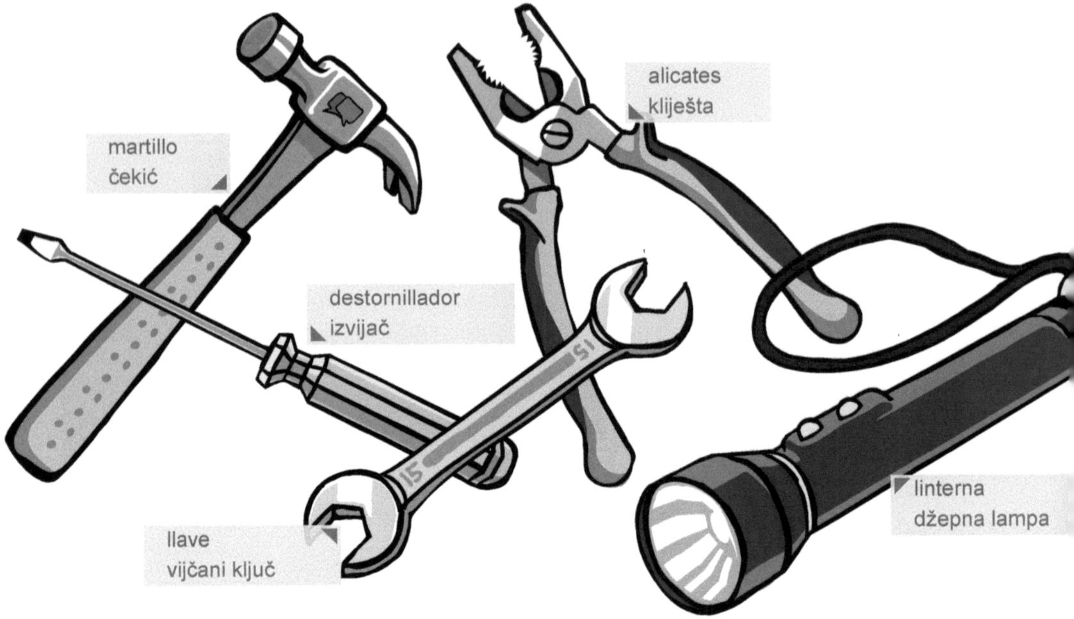
martillo
čekić
alicates
kliješta
destornillador
izvijač
linterna
džepna lampa
llave
vijčani ključ

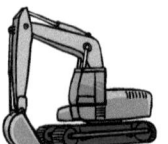

excavadora

bager

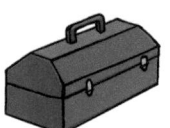

caja de herramientas

kutija sa alatom

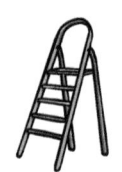

escalera de mano

ljestve

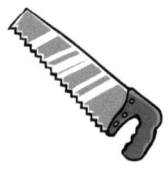

sierra

testera, pila

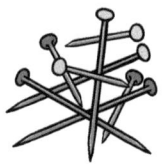

clavos

ekser

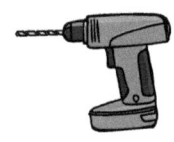

taladro

bušilica

reparar
popraviti

pala
lopata

¡Maldita sea!
sranje!

recogedor
lopatica

bote de pintura
kanta boje

tornillos
vijak

instrumentos musicales
muzički instrumenti

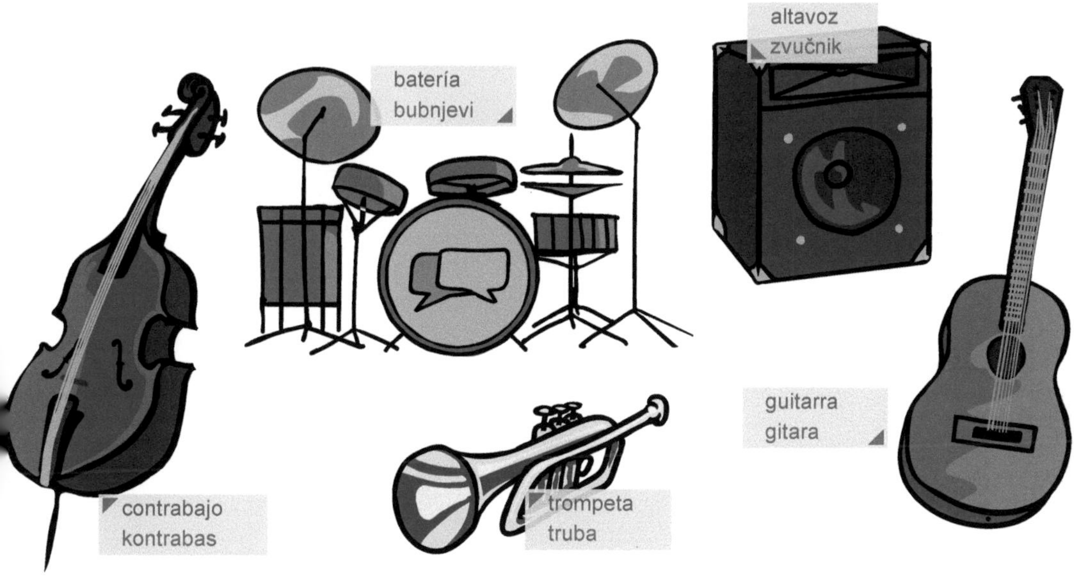

altavoz
zvučnik

batería
bubnjevi

guitarra
gitara

contrabajo
kontrabas

trompeta
truba

piano

klavir

violín

violina

bajo

bas

timbales

bubanj timpani

tambor

bubanj

teclado

sintisajzer

saxofón

saksofon

flauta

flauta

micrófono

mikrofon

instrumentos musicales - muzički instrumenti

zoo
zološki vrt

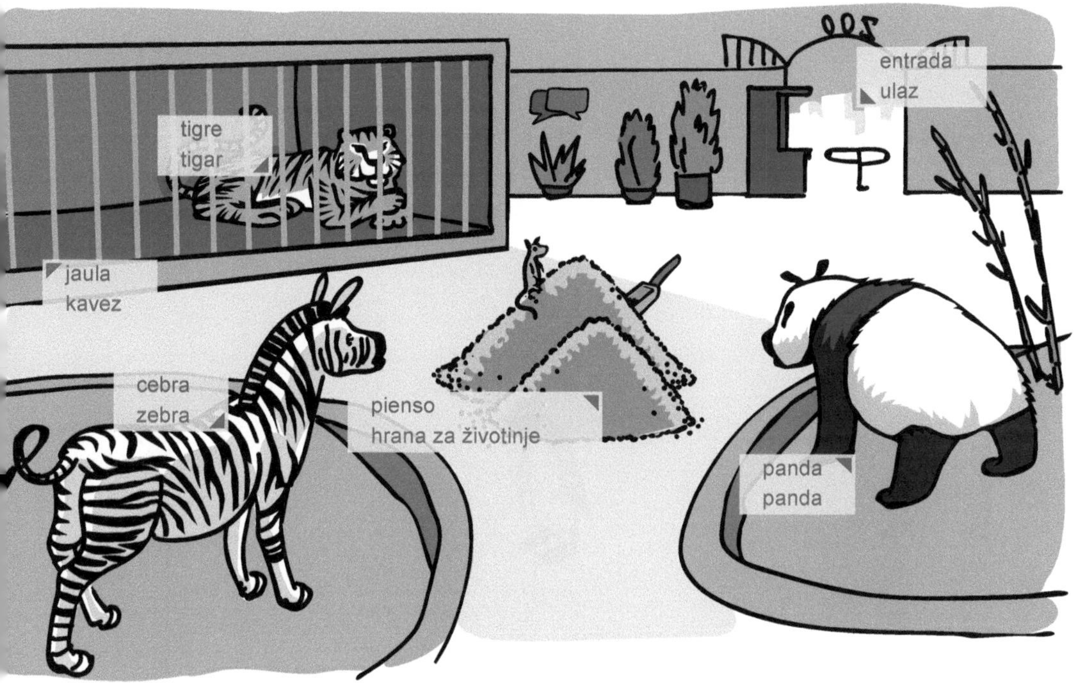

tigre
tigar
entrada
ulaz
jaula
kavez
cebra
zebra
pienso
hrana za životinje
panda
panda

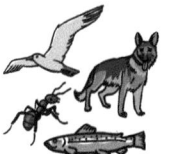

animales

životinje

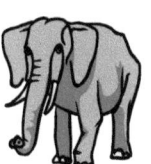

elefante

slon

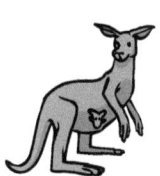

canguro

kengur

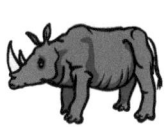

rinoceronte

nosorog

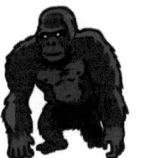

gorila

gorila

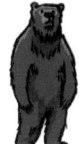

oso

medvjed

camello

kamila

avestruz

noj

león

lav

mono

majmun

flamingo

flamingo

loro

papagaj

oso polar

polarni medvjed

pingüino

pingvin

tiburón

morski pas

pavo real

paun

serpiente

zmija

cocodrilo

krokodil

guardián de zoológico

čuvar u zološkom vrtu

foca

tuljan

jaguar

jaguar

poni
poni

leopardo
leopard

hipopótamo
nilski konj

jirafa
žirafa

águila
orao

jabalí
divlja svinja

pescado
riba

tortuga
kornjača

morsa
morž

zorro
lisica

gacela
gazela

fútbol americano
američki fudbal

ciclismo
vožnja bicikla

tenis
tenis

baloncesto
košarka

natación
plivanje

boxeo
boks

hockey sobre hielo
hokej na ledu

fútbol
fudbal

bádminton
bedminton

atletismo
laka atletika

balonmano
rukomet

esquí
skijanje

polo
polo

reír
smijati se

saltar
skakati

abrazar
zagrliti

caminar
ići

cantar
pjevati

soñar
sanjati

rezar
moliti

besar
ljubiti

escribir
....
pisati

dibujar
....
crtati

mostrar
....
pokazati

empujar
....
gurati

dar
....
dati

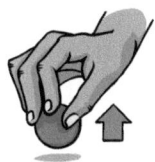

tomar
....
uzeti

tener
imati

hacer
raditi

ser
biti

estar de pie
stajati

correr
trčati

tirar
vući

tirar
baciti

caer
pasti

yacer
ležati

esperar
čekati

llevar
nositi

estar sentado
sjediti

vestirse
obući

dormir
spavati

despertar
probuditi

mirar

pogledati

llorar

plakati

acariciar

milovati

peinar

češljati

hablar

govoriti

entender

razumjeti

preguntar

pitati

escuchar

slušati

beber

piti

comer

jesti

ordenar

pospremiti

amar

voljeti

cocinar

kuhati

conducir

voziti

volar

letjeti

navegar
jedriti

calcular
računati

leer
čitati

aprender
učiti

trabajar
raditi

casarse
vjenčavti

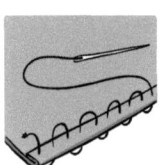

coser
šiti

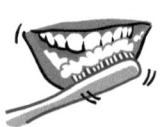

cepillarse los dientes
prati zube

matar
ubiti

fumar
pušiti

enviar
slati

abuela
baka

abuelo
djed

padre
otac

madre
majka

bebé
beba

hija
kćerka

hijo
sin

invitado

gost

tía

ujna, tetka, strina

tío

ujak, tetak, stric

hermano

brat

hermana

sestra

cuerpo
tijelo

frente
čelo
ojo
oko
hombro
leđa
dedo
prst
cara
lice
barbilla
brada
mano
ruka, šaka
pierna
noga
pecho
grudi
brazo
ruka

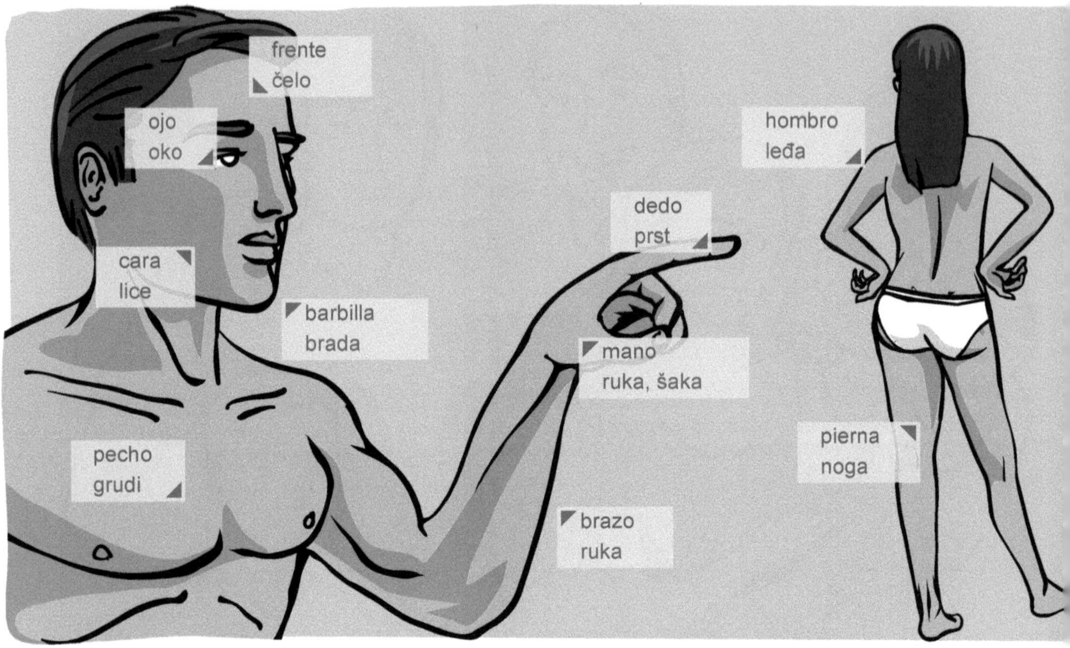

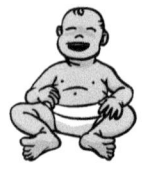

bebé

beba

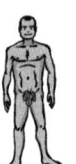

hombre

muškarac

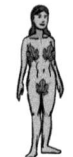

mujer

žena

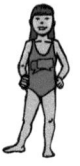

chica

djevojčica

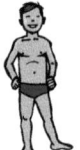

chico

dječak

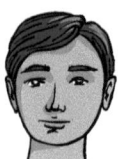

cabeza

glava

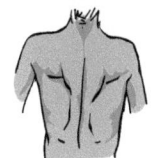

espalda

leđa

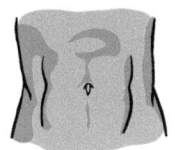

vientre

stomak

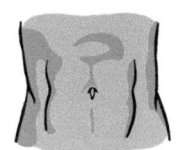

ombligo

pupak

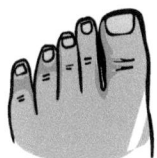

dedo del pie

nožni prst

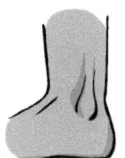

talón

peta

hueso

kosti

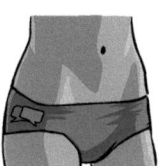

cadera

kuk

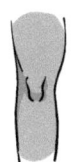

rodilla

koljeno

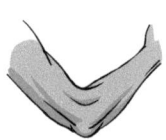

codo

lakat

nariz

nos

trasero

stražnjica

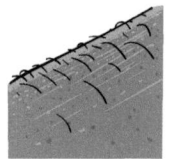

piel

koža

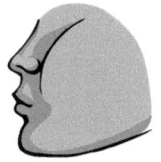

mejilla

obraz

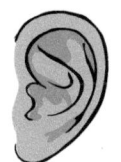

oído

uho

labio

usna

boca
usta

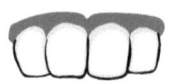

diente
zub

lengua
jezik

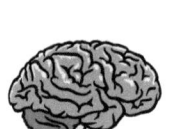

cerebro
mozak

corazón
srce

músculo
mišić

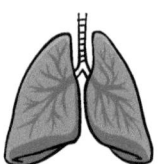

pulmón
pluća

hígado
jetra

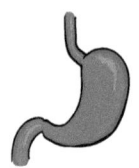

estómago
želudac

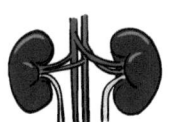

riñones
bubreg

sexo
spolni odnos

condón
kondom

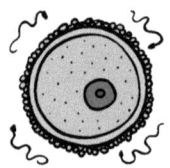

ovario
jajna ćelija

semen
sperma

embarazo
trudnoća

cuerpo - tijelo

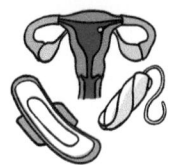

menstruación
menstruacija

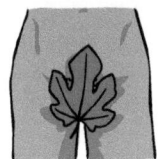

vagina
vagina

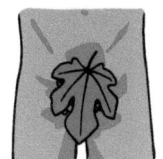

pene
penis

ceja
obrva

pelo
kosa

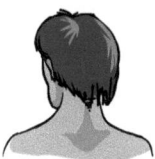

cuello
vrat

hospital
bolnica

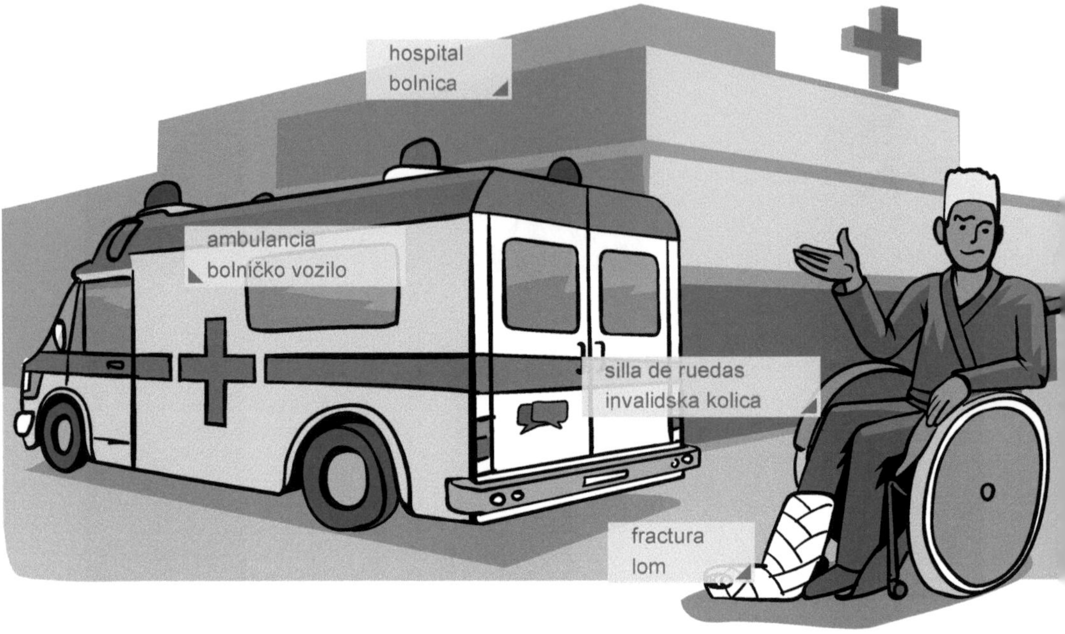

hospital
bolnica
ambulancia
bolničko vozilo
silla de ruedas
invalidska kolica
fractura
lom

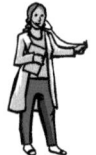

médico

ljekar

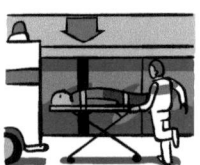

sala de urgencias

hitna služba

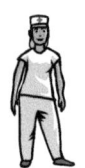

enfermera

medicinska sestra

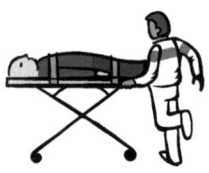

urgencia

hitna pomoć

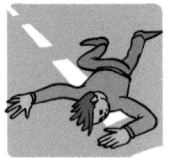

inconsciente

nesvjest

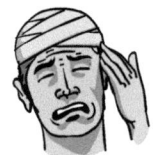

dolor

bol

lesión

povreda

hemorragia

krvarenje

infarto

srčani udar, infarkt

ictus

moždani udar

alergia

alergija

tos

kašalj

fiebre

groznica

gripe

gripa

diarrea

proljev

dolor de cabeza

glavobolja

cáncer

rak

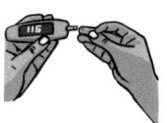

diabetes

dijabetes

cirujano

hirurg

bisturí

skalpel

operación

operacija

TAC
CT

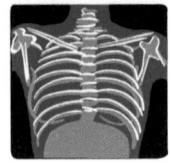

rayos x
rendgen

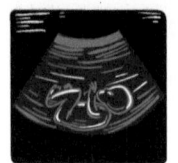

ultrasonido
ultrazvuk

mascarilla
maska

enfermedad
bolest

sala de espera
čekaonica

muleta
štake

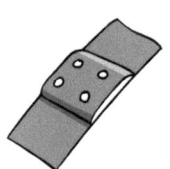

tirita
flaster

venda
zavoj

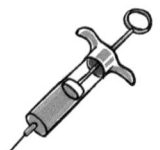

inyección
injekcija

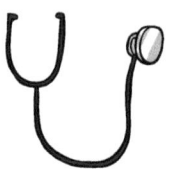

estetoscopio
stetoskop

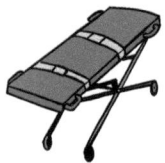

camilla
nosilo

termómetro
termometar

nacimiento
porod

sobrepeso
prekomjerna težina, debljina

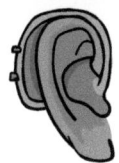

audífono

slušni aparat

desinfectante

sredstvo za dezinfekciju

infección

infekcija

virus

virus

VIH / SIDA

HIV/ AIDS

medicina

medicina

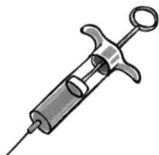

vacunación

vakcinacija

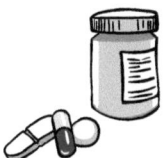

tabletas

tablete

pastilla

pilula

llamada de urgencia

hitni poziv

tensiómetro

aparat za mjerenje pritiska

enfermo / sano

bolestan / zdrav

¡Socorro!

Upomoć!

alarma

alarm

asalto

napad, prepad

ataque

napad

peligro

opasnost

salida de emergencia

izlaz u slučaju opasnosti

¡Fuego!

Požar!

extintor de incendios

vatrogasni aparat

accidente

nezgoda

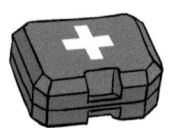

botiquín de primeros auxilios

torba prve pomoći

SOS

SOS

policía

policija

Europa

Europa

Norteamérica

Sjeverna Amerika

Sudamérica

Južna Amerika

África

Afrika

Asia

Azija

Australia

Australija

Atlántico

Atlantik

Pacífico

Pacifik

Océano Índico

Indijski okean

Océano Antártico

Antarktički okean

Océano Ártico

Arktički okean

polo norte

Sjeverni pol

polo sur

Južni pol

Antártida

Antarktik

tierra

Zemlja

tierra

zemlja

mar

more

isla

ostrvo

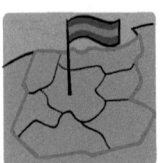

nación

nacija

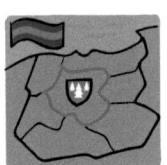

estado

država

esfera

brojčanik sata

manecilla de las horas

kazaljka sata

minutero

kazaljka minute

segundero

kazaljka sekunde

¿Qué hora es?

Koliko je sati?

día

dan

tiempo

vrijeme

ahora

sada

reloj digital

digitalni sat

minuto

minuta

hora

sat

semana
sedmica, nedjelja

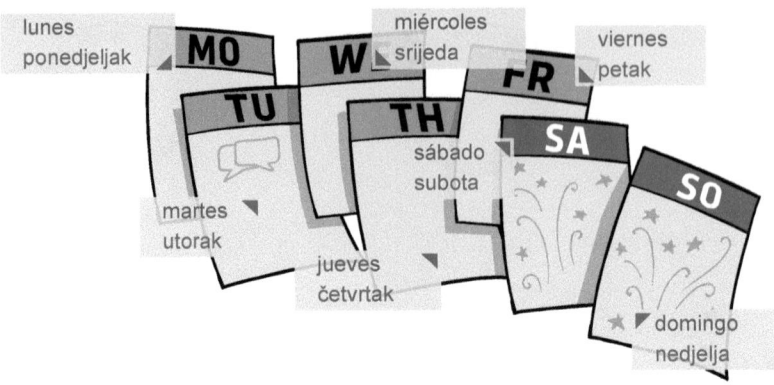

lunes
ponedjeljak

miércoles
srijeda

viernes
petak

martes
utorak

jueves
četvrtak

sábado
subota

domingo
nedjelja

ayer
juče

hoy
danas

mañana
sutra

mañana
jutro

mediodía
podne

tarde
veče

MO	TU	WE	TH	FR	SA	SU
1	2	3	4	5	6	7
8	9	10	11	12	13	14
15	16	17	18	19	20	21
22	23	24	25	26	27	28
29	30	31	1	2	3	4

días laborables
radni dani

MO	TU	WE	TH	FR	SA	SU
1	2	3	4	5	6	7
8	9	10	11	12	13	14
15	16	17	18	19	20	21
22	23	24	25	26	27	28
29	30	31	1	2	3	4

fin de semana
vikend

año
godina

lluvia
kiša
arcoíris
duga
viento
vjetar
nieve
snijeg
primavera
proljeće
verano
ljeto
otoño
jesen
invierno
zima

4.APRIL 11°
5.APRIL 4°
6.APRIL 13°
7.APRIL 8°
8.APRIL 10°

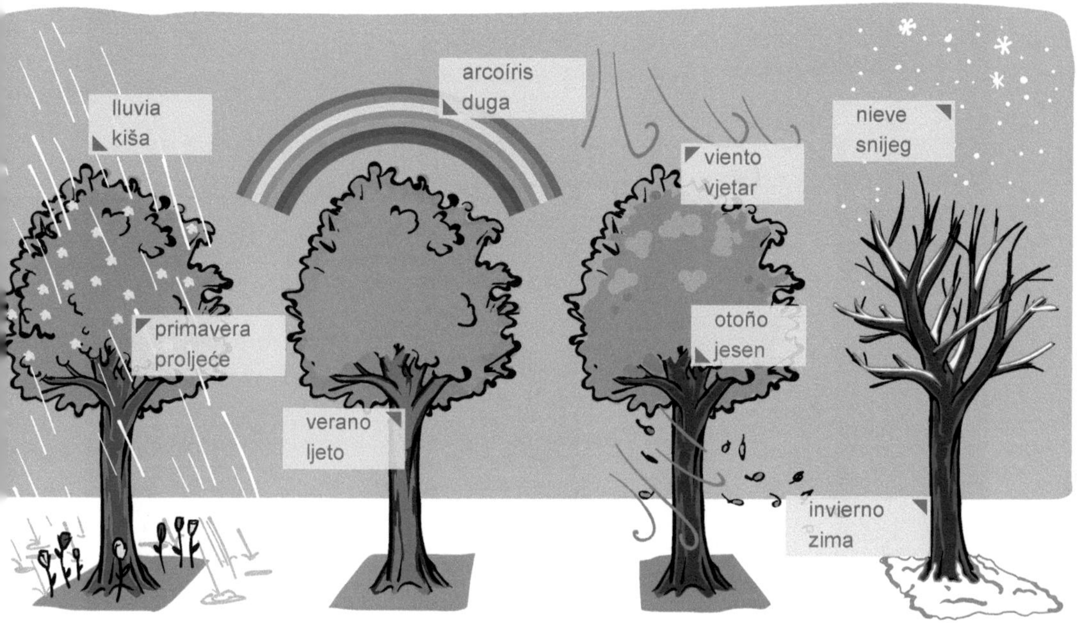

pronóstico del tiempo
prognoza vremena

F C
120 40
90 30
60 20
30 10
0 0
-30 -10
-20

termómetro
termometar

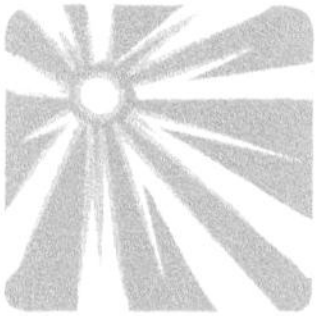

sol
sunčev sjaj

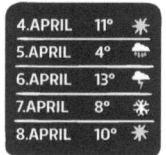

nube
oblak

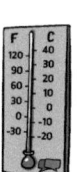

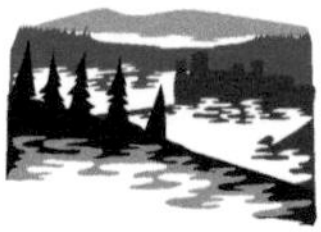

niebla
magla

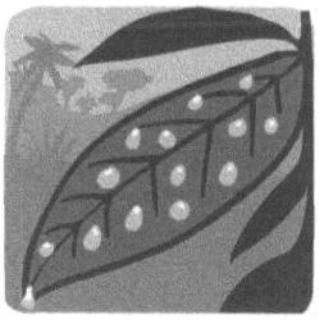

humedad
vlažnost vazduha

rayo

munja

trueno

grom

tormenta

oluja

granizo

tuča, led

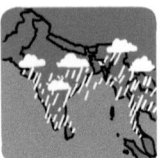

monzón

monsun

inundación

poplava

hielo

led

enero

januar

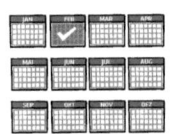

febrero

februar

marzo

mart

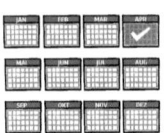

abril

april

mayo

maj

junio

juni

julio

juli

agosto

avgust

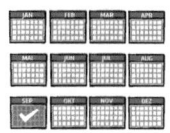

septiembre
....
septembar

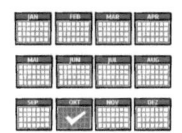

octubre
....
oktobar

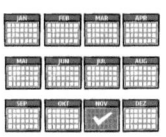

noviembre
....
novembar

diciembre
....
decembar

círculo
....
krug

cuadrado
....
kvadrat

rectángulo
....
pravougao

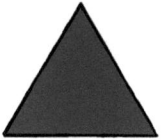

triángulo
....
trougao

esfera
....
kugla

cubo
....
kocka

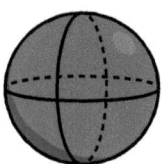

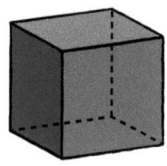

colores
boje

blanco

bjel

amarillo

žut

anaranjado

narandžast

rosa

pink

rojo

crven

morado

ljubičast

azul

plav

verde

zelen

marrón

smeđ

gris

siv

negro

crn

mucho / poco
malo / mnogo

enojado / tranquilo
ljutit / miran

bonito / feo
lijep / ružan

principio / fin
početak / kraj

grande / pequeño
veliki / mali

claro / oscuro
svijetlo / tamno

hermano / hermana
brat / sestra

limpio / sucio
čist / prljav

completo / incompleto
potpun / nepotpun

día / noche
dan / noć

muerto / vivo
mrtav / živ

ancho / estrecho
široko / usko

comestible / no comestible

ukusno / neukusno

malo / amable

zao / prijatan

entusiasmado / aburrido

uzbuđen / dosadan

gordo / delgado

debeo / mršav

primero / último

najprije / najkasnije

amigo / enemigo

prijatelj / neprijatelj

lleno / vacío

pun / prazan

duro / blando

trvd / mekan

pesado / ligero

težak / lagan

hambre / sed

glad / žeđ

enfermo / sano

bolestan / zdrav

ilegal / legal

ilegalan / legalan

inteligente / tonto

inteligentan / glup

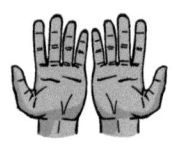

izquierda / derecha

lijevo / desno

cerca / lejos

blizu / daleko

nuevo / usado

nov / polovan

nada / algo

ništa / nešto

viejo / joven

star / mlad

encendido / apagado

uključeno / isključeno

abierto / cerrado

otvoreno / zatvoreno

silencioso / ruidoso

tiho / glasno

rico / pobre

bogat / siromašan

correcto / incorrecto

tačno / pogrešno

áspero / suave

hrapav / glatak

triste / contento

tužan / srećan

corto / largo

kratak / dug

lento / rápido

spor / brz

húmedo / seco

mokro / suho

cálido / frío

toplo / hladno

guerra / paz

rat / mir

0

cero

nula

1

uno

jedan

2

dos

dva

3

tres

tri

4

cuatro

četiri

5

cinco

pet

6

seis

šest

7

siete

sedam

8

ocho

osam

9

nueve

devet

10

diez

deset

11

once

jedanaest

12
doce

dvanaest

13
trece

trinaest

14
catorce

četrnaest

15
quince

petnaest

16
dieciséis

šesnaest

17
diecisiete

sedamnaest

18
dieciocho

osamnaest

19
diecinueve

devetnaest

20
veinte

dvadeset

100
cien

sto

1.000
mil

hiljada

1.000.000
millón

milion

inglés

engleski

inglés americano

američki engleski

chino mandarín

kinesko mandarinski

hindi

hindi

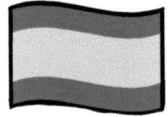

español

španski

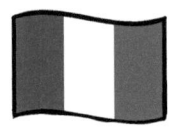

francés

francuski

árabe

arapski

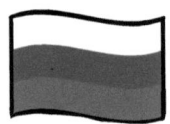

ruso

ruski

portugués

portugalski

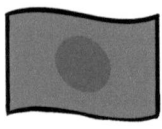

bengalí

bengalski

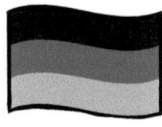

alemán

njemački

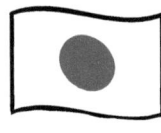

japonés

japanski

yo

ja

tú

ti

él / ella / ello

on / ona / ono

nosotros/as

mi

vosotros/as

vi

ellos/as

oni

¿quién?

ko?

¿qué?

šta?

¿cómo?

kako?

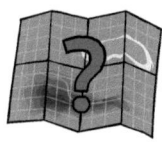

¿dónde?

gdje?

¿cuándo?

kada?

nombre

ime

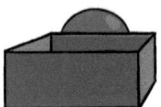

detrás

iza

en

u

delante de

pred

por encima de

iznad

sobre

na

debajo de

ispod

junto a

pored

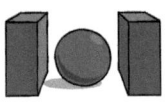

entre

između

lugar

mjesto